LA METTRIE

L'Art de jouir

D1313082

Avec une postface de
Janine Berder

Couverture de Laurence Bériot
Illustrations de Stanislas Zygart

ÉDITIONS MILLE ET UNE NUITS

LA METTRIE
n° 132

Texte intégral

ISBN : 2-84205-100-9

Sommaire

LA METTRIE

L'Art de jouir

L'Art de jouir

Et quibus ipsa modis tractetur blanda Voluptas.
Lucrèce

Plaisir, Maître souverain des hommes et des dieux, devant qui tout disparaît, jusqu'à la raison même, tu sais combien mon cœur t'adore, et tous les sacrifices qu'il t'a faits. J'ignore si je mériterai d'avoir part aux éloges que je te donne ; mais je me croirais indigne de toi, si je n'étais attentif à m'assurer de ta présence, et à me rendre compte à moi-même de tous tes bienfaits. La reconnaissance serait un trop faible tribut, j'y ajoute encore l'examen de mes sentiments les plus doux.

Dieu des belles âmes, charmant plaisir, ne permets pas que ton pinceau se prostitue à d'infâmes voluptés, ou plutôt à d'indignes débauches qui font gémir la Nature révoltée. Qu'il ne peigne que les feux du fils de Cypris, mais qu'il les peigne avec transport. Que ce Dieu vif, impétueux, ne se serve de la raison des hommes que pour la leur faire oublier ; qu'ils ne raisonnent que pour exagérer leurs plaisirs et s'en pénétrer ; que la froide Philosophie se taise pour m'écouter. Je sens les respectables approches de la volupté.

Disparaissez, courtisanes impudiques ! Il sortit moins de maux de la boîte de Pandore, que du sein de vos plaisirs. Eh ! que dis-je ! de plaisirs ! En fut-il jamais sans les sentiments du cœur ? Plus vous prodiguez vos faveurs, plus vous offensez l'amour qui les désavoue. Livrez vos corps aux satyres ; ceux qui s'en contentent, en sont dignes ; mais vous ne l'êtes pas d'un cœur né sensible. Vous vous prostituez en vain, en vain vous cherchez à m'éblouir par des charmes *vulgivagues* ; ce n'est point la jouissance des corps, c'est celle des âmes qu'il me faut. Tu l'as connue, Ninon, cette jouissance exquise durant le cours de la plus belle vie ; tu vivras éternellement dans les fastes de l'amour.

Vous, qui baissez les yeux aux paroles chatouilleuses, précieuses et prudes, loin d'ici ! La volupté est dispensée de vous respecter, d'autant plus que vous n'êtes pas vous-même, à ce qu'on dit, si austères dans le déshabillé. Loin d'ici surtout race dévote, qui n'avez pas une vertu pour couvrir vos vices !

Belles, qui voulez consulter la raison pour aimer, je ne crains pas que vous prêtiez l'oreille à mes discours ; elle n'en sera point alarmée. La raison emprunte ici, non le langage, mais le sentiment des Dieux. Si mon pinceau ne répond pas à la finesse et à la délicatesse de votre façon de sentir, favorisez-moi d'un seul regard ; et l'amour qui s'est plu à vous former, qui s'admire sans cesse dans le plus beau de ses ouvrages, fera couler de ma plume la tendresse et la volupté, qu'il semblait avoir réservées pour vos cœurs.

Je ne suivrai point les traces de ces beaux esprits, précieusement néologues et puérilement entortillés ; ce vif troupeau d'imitateurs d'un froid modèle glacerait mon imagination chaude et voluptueuse ; un art trop recherché ne me conduirait qu'à des jeux d'enfant que la raison proscrit, ou à un ordre insipide que le génie méconnaît et que la volupté dédaigne. Le bel esprit du siècle ne m'a point corrompu ; le peu que la Nature m'en réservait, je l'ai pris en sentiments. Que tout ressente ici le désordre des passions, pourvu que le feu qui m'emporte soit digne, s'il se peut, du Dieu qui m'inspire !

Auguste Divinité, qui protégeas les chants immortels de Lucrèce, soutiens ma faible voix. Esprits mobiles et déliés, qui circulez librement dans mes veines, portez dans mes écrits cette ravissante volupté que vous faites sans cesse voler dans mon cœur.

Ô vous, tendres, naïfs ou sublimes interprètes de la volupté, vous qui avez forcé les Grâces et les Amours à une éternelle reconnaissance, ah ! faites que je la partage. S'il ne m'est pas donné de vous suivre, laissez-moi du moins un trait de flamme qui me guide, comme ces comètes qui laissent après elles un sillon de lumière qui montre leur route.

Oui, vous seuls pouvez m'inspirer, enfants *gâtés* de la Nature et de l'Amour, vous que ce Dieu a pris soin de former lui-même, pour servir à des projets dignes de lui, je veux dire, au bonheur du genre humain ; échauffez-moi de votre génie, ouvrez-moi le sanctuaire de la Nature éclairé par l'amour ; nouveau, mais plus heureux Promé-thée, que j'y puise ce feu sacré de la volupté, qui dans mon cœur, comme dans son temple, ne s'éteigne jamais ;

et qu'Épicure enfin paraisse ici, tel qu'il est dans tous les cœurs. Ô Nature, ô Amour, puissé-je faire passer dans l'éloge de vos charmes tous les transports avec lesquels je sens vos bienfaits !

Venez, Phylis, descendons dans ce vallon tranquille; tout dort dans la Nature, nous seuls sommes éveillés; venez sous ces arbres, où l'on n'entend que le doux bruit de leurs feuilles; c'est le Zéphire amoureux qui les agite; voyez comme elles semblent planer l'une sur l'autre et vous font signe de les imiter.

Parlez, Phylis, ne sentez-vous pas quelque mouvement délicat, quelque douce langueur qui vous est inconnue ? Oui, je vois l'heureuse impression que vous fait ce mystérieux asile; le brillant de vos yeux s'adoucit, votre sang coule avec plus de vitesse, il élève votre beau sein, il anime votre cœur innocent.

En quel état suis-je ! Quels nouveaux sentiments, dites-vous !… venez, Phylis, je vous les expliquerai.

Votre vertu s'éveille, elle craint la surprise même qu'elle a; la pudeur semble augmenter vos inquiétudes avec vos attraits; votre gloire rejette l'amour, mais votre cœur ne le rejette pas.

Vous vous révoltez en vain, chacun doit suivre son sort; pour être heureux il n'a manqué au vôtre que l'amour; vous ne vous priverez pas d'un bonheur qui redouble en se partageant; vous n'éviterez pas les pièges que vous tendez à l'Univers : qui balance a pris son parti.

Ô si vous pouviez seulement sentir l'ombre des plaisirs que goûtent deux cœurs qui se sont donnés l'un à l'autre, vous redemanderiez à Jupiter tous ces ennuyeux moments, tous ces vides de la vie que vous avez passés sans aimer !

Quand une belle s'est rendue, qu'elle ne vit plus que pour celui qui vit pour elle ; que ses refus ne sont plus qu'un jeu nécessaire ; que la tendresse qui les accompagne autorise d'amoureux larcins, et n'exige plus qu'une douce violence ; que deux beaux yeux, dont le trouble augmente les charmes, demandent en secret ce que la bouche refuse ; que l'amour éprouvé de l'amant est couronné de myrtes par la vertu même ; que la raison n'a plus d'autre langage que celui du cœur ; que... les expressions me manquent, Phylis, tout ce que je dis n'est pas même un faible songe de ces plaisirs. Aimable faiblesse ! douce extase ! C'est en vain que l'esprit veut vous exprimer, le cœur même ne peut vous comprendre.

Vous soupirez, vous sentez les douces approches du plaisir ! Amour, que tu es adorable ! si ta seule peinture peut donner des désirs, que ferais-tu toi-même ?

Jouissez, Phylis, jouissez de vos charmes : n'être belle que pour soi, c'est l'être pour le tourment des hommes.

Ne craignez ni l'amour, ni l'amant ; une fois maîtresse de mon cœur, vous le serez toujours. La vertu conserve aisément les conquêtes de la beauté.

J'aime, comme on aimait avant qu'on eût appris à soupirer, avant qu'on eût fait un art de jurer la fidélité. Amour est pauvre : je n'ai qu'un cœur à vous offrir, mais il est tendre comme le vôtre. Unissons-les, et nous connaîtrons à la fois le plaisir, et cette tendresse plus séduisante qui conduit à la plus pure volupté des cœurs.

Quels sont ces deux enfants de différent sexe qu'on

laisse vivre seuls paisiblement ensemble ? Qu'ils seront heureux un jour ! Non, jamais l'amour n'aura eu de si tendres, ni de si fidèles serviteurs. Sans éducation et par conséquent sans préjugés, livrés sans remords à une mutuelle sympathie, abandonnés à un instinct plus sage que la raison, ils ne suivront que ce tendre penchant de la Nature, qui ne peut être criminel, puisqu'on ne peut y résister.

Voyez ce jeune garçon ; déjà il n'est plus homme sans s'en apercevoir. Quel nouveau feu vient de s'allumer dans ses veines ! quel chaos se débrouille ; il n'a plus les mêmes goûts, ses inclinaisons changent avec sa voix. Pourquoi ce qui l'amusait l'ennuie-t-il ? Tout occupé, tout étonné de son nouvel être, il sent, il désire, sans trop savoir ce qu'il sent, ni ce qu'il désire : il entrevoit seulement, par l'envie qu'il a d'être heureux, la puissance de le devenir. Ses désirs confus forment une espèce de voile, qui dérobe à sa vue le bonheur qui l'attend. Consolez-vous, jeune berger, le flambeau de l'amour dissipera bientôt les nuages qui retardent vos beaux jours ; les plaisirs après lesquels vous soupirez ne vous seront pas toujours inconnus ; la Nature vous en offrira partout l'image ; deux animaux s'accoupleront en votre présence ; vous verrez des oiseaux se caresser sur une branche d'arbre, qui semble obéir à leurs amours.

Tout vous est de l'Amour une leçon vivante.

Que de réflexions vont naître de ce nouveau spectacle ! jusqu'où la curiosité ne portera-t-elle pas ses regards !

L'amour l'aiguillonne ; il veut instruire l'un par l'autre ; il a fait la gorge de la bergère différente de celle du berger ; elle ne peut respirer sans qu'elle s'élève, c'est son langage ; il semble qu'elle veuille forcer les barrières de la pudeur, comme indignée d'une contrainte qui la fâche. Pensées naïves, désirs innocents, tendres inquiétudes, tout se dit sans fard ; le cœur s'ouvre, on ne se dissimule aucuns sentiments ; ils sont trop nouveaux, trop vifs, pour être contenus.

Mais n'y aurait-il point encore d'autre différence ? Oh oui ! et même beaucoup plus considérable ; voyez cette rose que le trop heureux hymen reçoit quelquefois des mains de l'Amour : rose vermeille, dont le bouton est à peine éclos qu'elle veut être cueillie ; rose charmante, dont chaque feuille semble couverte et entourée d'un fin duvet, pour mieux cacher les Amours qui y sont nichées et les soutenir plus mollement dans leurs ébats.

Surpris de la beauté de cette fleur, avec quelle avidité le berger la considère ! Avec quel plaisir il la touche, la parcourt, l'examine ! Le trouble de son cœur est marqué dans ses yeux.

La bergère est aussi curieuse d'elle-même pour la première fois ; elle avait déjà vu son joli minois dans un clair ruisseau ; le même miroir va lui servir pour contempler des charmes secrets qu'elle ignorait.

Mais elle découvre à son tour combien Daphnis lui ressemble. Qu'elle lui rend bien sa surprise ! Frappée d'une si prodigieuse différence, tout émue, elle y porte la main en tremblant ; elle le caresse, elle en ignore l'usage, elle ne comprend pas pourquoi son cœur bat si vite, elle ne se connaît presque plus ; mais enfin, lorsque revenue à elle-même, un trait de lumière a passé dans son cœur, elle le regarde comme un monstre, la chose lui paraît absolument impossible, elle ne conçoit pas encore, la pauvre Agnès, tout ce que peut l'amour.

L'idée du crime n'a point été attachée à toutes ces recherches amoureuses ; elles sont faites par de jeunes cœurs qui ont besoin d'aimer, avec une pureté d'âme que jamais n'empoisonna le repentir. Heureux enfants ! qui ne voudrait l'être comme vous ? Bientôt vos jeux ne seront plus les mêmes, mais ils n'en seront pas moins innocents ; le plaisir n'habita jamais des cœurs impurs et corrompus. Quel sort plus digne d'envie ! vous ignorez ce que vous êtes l'un à l'autre ; cette douce habitude de se voir sans cesse, la voix du sang ne déconcerte point l'Amour ; il n'en vole que plus vite auprès de vous, vous serrer vos liens et vous rendre plus fortunés. Ah ! puissiez-vous vivre toujours ensemble et toujours ignorés dans cette paisible solitude, sans connaître ceux qui vous ont donné le jour ! Le commerce des hommes serait fatal à votre bonheur ; un art imposteur corromprait la simple Nature, sous les lois de laquelle vous vivez heureux : en perdant votre innocence, vous perdriez tous vos plaisirs.

Que vois-je ! C'est Isménias, qui est sur le point d'enlever l'objet de ses désirs. Son bonheur est peint dans ses yeux, il éclate sur sa figure ; et du fond de son cœur, par une sorte de circulation nouvelle, il paraît répandu sur tout son être. Il parle d'Ismène, écoutons. Qu'il a l'air content et ravi !

Enfin, dit-il, je vais donc posséder celle que mon cœur adore ! Je vais jouir du fruit de la plus belle victoire. Dieux ! que cette conquête m'a coûté ! Mais qui soumet un cœur tel que celui d'Ismène a conquis l'Univers.

Il fait l'éloge de ses charmes. Toutes les femmes n'ont que des visages, Ismène seule a de la physionomie. On sent, on pense toujours avec ces traits-là ; mais par quel heureux mélange de couleurs est-on embarrassé de dire s'il y a plus de sentiment que d'esprit dans ses yeux !

Ismène ignore le parti qu'a pris son amant : elle lui avait défendu de tenter une entreprise aussi délicate. Mais il faut épargner à ce qu'on aime jusqu'à la moindre inquiétude : il n'y a point à balancer ; on obéit à l'amour, en désobéissant à l'amante. Le devoir est tout en amour comme en guerre, et le péril n'est rien. Plus la démarche est téméraire, plus Ismène sera sensible… Ah ! que l'amour donne de courage ! Ah ! que cette preuve de tendresse lui sera chère, et qu'elle en saura un jour bon gré à son amant !

Isménias, près d'arriver chez Ismène, la croit déjà partie sur un faux rapport ; il ne comprend pas comment il a pu la manquer sur la route ; il s'agite, il délibère, quel parti prendre ? Hélas ! Est-il en état d'en prendre un ? Il retourne sur ses pas, on le prendrait pour un insensé ; égaré, se connaissant à peine, il court nuit et jour, il ne rencontre point Ismène, il tremble qu'elle n'arrive la première au rendez-vous. Ô Dieux ! Ô Amour ! Quelles eussent été ses inquiétudes de n'y point trouver son amant !

Mieux instruit ensuite au moment qu'il s'en flatte le moins, quelle heureuse révolution ! quelle brillante séré-

nité relève un front abattu ! Comme il remercie l'amour
d'avoir pris pitié de son tourment !

Il baise cent fois le billet d'Ismène, il l'arrose de ses
larmes, il revole sur ses premiers pas. Rien ne fatigue,
rien ne coûte quand on aime ; la distance des lieux est
bientôt franchie par les ailes de l'Amour.

Par la joie de l'amant, jugez de celle de l'amante,
lorsqu'elle entendra cette histoire de la bouche même
d'Isménias ; et devinez, si vous pouvez, lequel des deux
va goûter le plus pur contentement ! Si les plaisirs augmentent par les peines, que j'envie votre sort, Isménias !

Ils se revoient enfin, ils veulent en vain parler ; mais à
la vivacité de leur silence et de leurs caresses, qu'on voit
bien que la parole est un faible organe du sentiment !
Ont-ils enfin repris l'usage de la voix ? grands Dieux !
quels entretiens ! Se racontent-ils tout ce qui se passe
dans l'Univers ? Non, ils ont bien plus de choses à se dire,
ils s'aiment, ils se retrouvent après une longue et trop
cruelle absence. Qui pourrait redire ici leurs discours, et
plutôt encore leur joie que leurs plaisirs ? Il faudrait sentir comme eux, il faudrait s'être trouvé dans la même
situation délicieuse.

Ismène, je l'ai prévu, n'oubliera jamais ce qu'a fait
Isménias ; elle ne quitte point une fortune brillante, ce
serait un petit sacrifice à ses yeux ; c'est elle-même
qu'elle sacrifie. Pour qui ? Pour un amant dont l'amour
fait toute la richesse.

Le plaisir appelle Ismène, il lui tend les bras, il lui
montre une chaîne de fleurs. Refusera-t-elle un Dieu

jeune, aimable, qui ne veut que sa félicité ? C'en est fait ;
« le conseil en est pris, quand l'Amour l'a donné ». Mais
de combien de sentiments divers elle est agitée, et quelles
singulières conditions elle impose à son amant !

« Vous voyez, dit-elle, Isménias, tout ce que je fais pour
vous. Je ne pourrai reparaître dans l'Univers, les préjugés
y tiennent un rang trop considérable ; et si je vous perds
(tombe sur moi plutôt la foudre !) je n'ai d'autre ressource que la mort. Je ne vous parle point de l'ingrati-
tude, de l'infidélité, de l'inconstance, du mépris... car
qu'en sais-je ! Et combien me repentirai-je peut-être de
cette démarche, quand il n'en sera plus temps ! Mais que
dis-je ! non, Isménias, vous ne ressemblez point aux
autres hommes ; non, vous ne séduirez pas la vertu pour
l'abandonner aux plus vifs regrets. Je vous fais injure, je
suis sûre de vous, je vous ai choisi ; et si cela n'était pas,
à quoi me servirait de prévoir un malheur que je n'aurais
pas la force de prévenir. Mais cependant, quelque empire
que l'amour ait sur mon cœur, j'aurai celle d'en rester
aux termes où nous en sommes : jamais, comptez-y, vous
ne serez mon amant tout à fait. » Ismène l'eût juré par
Styx.

Isménias gémit, il est désolé, il ne conçoit pas la trop
rigoureuse loi d'un cœur sensible. « Tendre et cruelle
Ismène, quoi ! vous m'aimez et vous ne ferez pas tout
pour moi ! » « Il m'en coûtera peut-être plus qu'à vous,
interrompit-elle, mais la tendresse est la volupté des
cœurs. Ce que je vous refuse en plaisirs, vous l'aurez en
sentiments. Il n'y a pas dans toute mon âme un seul
mouvement qui ne m'approche de vous, un seul soupir

qui ne tende vers les lieux où le destin vous appelle. Ne sentez-vous donc point, Isménias, le prix de tant d'amour, le prix d'un cœur qui sait aimer, dans ces moments où les autres femmes ne savent que jouir ? »

L'amour est éloquent ; Isménias aurait pu déployer toute sa rhétorique ; il aurait pu vanter son expérience, son adresse, persuader, peut-être convaincre… Mais il n'était pas temps, la retenue était nécessaire ; en pareil cas, il s'agit moins de séduire que d'obéir et de dissiper les craintes. Quand l'heure du berger n'a pas sonné, il serait heureux que certaines poursuites ne fussent qu'inutiles ; un *à compte* demandé mal à propos a souvent fait perdre toute la dette de l'amant.

Notre amoureux était trop initié dans les mystères de Paphos, pour ne pas contenir l'impétuosité de ses désirs. Il fut même si sage jusqu'au départ que la Belle, à ce qu'on dit, craignait d'avoir trop exigé.

Mais déjà les mesures sont prises, et bien prises ; la circonspection d'Ismène ne souffre aucune légèreté ; tout sera trompé jusqu'aux préjugés.

Pourquoi de si cruels retours ? Un cœur sans artifice devrait-il connaître les remords ? Quoi ! ces bourreaux déchirent sans pitié le cœur d'Ismène ? Elle craint les suites d'une démarche aussi hardie ; elle tremble d'être reconnue ; elle se reproche tout, jusqu'aux hommages rendus à sa vertu qu'elle ne croit pas avoir. Que cette simplicité est belle et honnête ! Elle s'accuse d'avoir joué la sagesse, d'avoir trompé les hommes et les Dieux. « Jusqu'ici, dit-elle, on n'a respecté en moi qu'une trompeuse idole, qu'un masque imposteur ; le rôle que je vais faire ne sera pas plus vrai. Indigne des honneurs que je recevrai... Ah Dieux ! une âme bien née peut-elle se manquer ainsi à elle-même ? ô Vénus ! pourquoi faut-il que je sois destinée à être ta proie, comme celle des remords ? »

Amour, tant que tu souffriras un reste de raison dans ton empire, tes sujets seront malheureux. Ismène n'est éperdue que parce qu'elle ne l'est pas assez ; son faible cœur ne conçoit pas qu'il s'est donné malgré lui, après n'avoir que trop combattu.

« Non, charmante Ismène, l'honneur et l'amour ne sont point incompatibles ; ils subsistent ensemble, ils s'éclairent, ils s'illustrent, quand une fidélité, une confiance à toute épreuve, un attachement inviolable, sentiments de la plus belle âme, ne l'abandonnent jamais. Loin que l'Amour conduit, s'il se peut, par la prudence soit une source de mépris, ah, belle Ismène, qu'une femme qui sait aimer est un être rare et respectable ! On devrait lui dresser des autels. »

Isménias ayant ainsi rassuré sa maîtresse inquiète, nos tendres amants partent enfin ; ils voudraient déjà être au bout du monde. Plus d'alarmes, la joie succède aux craintes, et le doux plaisir à la joie. Déjà Ismène est enflammée par mille discours tendres et par mille baisers de feu. On permet à Isménias ces anciennes privautés, ces équivalents d'amour qui n'en sont point, et dont aussi le fripon se contentait à peine. Les chemins disparaissent ; les postes se font comme par des chevaux ailés ; quelquefois on ne va que trop vite, on n'arrive que trop promptement ; si la prudente volupté transporte moins nos cœurs, elle les amuse davantage. « Ton plaisir, dit Isménias, n'est que l'ombre de ceux que peuvent goûter deux cœurs parfaitement unis. »

Les amants en reviennent toujours là : ont-ils tort ? C'est le but de l'amour ; il ne bat que d'une aile lorsqu'il est seul ; en compagnie il n'en a point ; tête à tête il en a mille.

Ismène n'eut pas de peine à détourner la conversation sur le plaisir des hommes et des femmes. Ce sont les hommes, à son avis, qui ont le plus de plaisir ; Isménias croit que ce sont les femmes. Les autres sont toujours plus heureux que nous. La dispute durait encore, lorsque, après avoir couru dans la nuit plus avant qu'Isménias n'eût voulu, il goûta enfin pour la première fois cette volupté libre, commode et en quelque sorte universelle, après laquelle il soupirait depuis longtemps. Il s'en faut de peu que nos amants ne soient vraiment unis ; ils meurent tour à tour et plus d'une fois, dans les bras l'un de l'autre ; mais plus on sent le plaisir, plus on désire celui qu'on n'a pas.

Ismène éperdue se connaît à peine ; jusqu'ici elle n'avait voulu que s'amuser, dirai-je, à l'ombre de la volupté ? Jeux d'enfants aujourd'hui ! Tous les feux de l'amour n'ont rien de trop pour elle ; que dis-je ! ils sont trop faibles, séparés ; pour les augmenter, elle veut les unir, quoi qu'il en puisse arriver. « Jamais, dit-elle en modérant ses transports, je ne serai femme de la façon d'un autre amant ; mais qu'il faut s'aimer pour consentir à l'être de cette fabrique-là ! » Isménias ravi, tout en la rassurant, la ménageait si singulièrement, s'avançait peu à peu si doucement dans la carrière, et prépara enfin si bien sa victoire qu'Ismène fit un cri… Amour, tu te joues des projets de nos faibles cœurs ! Mais sous quel autre empire seraient-ils heureux ?

Qu'entends-je ! quels gémissements ! l'affliction est peinte sur le visage du plus tendre amant ! Les pleurs coulent de ses yeux ; il touche à la plus cruelle absence. C'est un jeune guerrier, que l'honneur et le devoir obligent de devancer son prince en campagne. Il part demain, plus de délai, il n'a plus qu'une nuit à passer avec ce qu'il aime ; l'amour en soupire.

Mais quels vont être ces adieux ! et comment les peindrai-je ? Si la joie est commune, la tristesse l'est aussi, les larmes de la douleur sont confondues avec celles du plaisir, qui en est plus tendre. Que d'incertains soupirs ! quels regrets ! quels sanglots ! Mais en même temps quelle volupté d'âme et quels transports ! Quel redoublement de vivacité dans les caresses de ces tristes amants ! Les délices qu'ils goûtent en ce moment même, qu'ils ne goûteront plus le moment suivant ; le trouble où la plus périlleuse absence va les jeter, tout cela s'exprime par le plaisir et s'abîme dans lui-même ; mais puisqu'il sert à rendre deux passions diverses, il va donc être doublé pour cette nuit. Doublé ! ah ! que dis-je ! il sera multiplié à l'infini ; ces heureux amants vont s'enivrer d'amour, comme s'ils en voulaient prendre pour le reste de leur vie. Leurs premiers transports ne sont que feu ; les suivants les surpassent ; ils s'oublient ; leurs corps lubriquement étendus l'un sur l'autre et dans mille postures recherchées, s'embrassent, s'entrelacent, s'unissent ; leurs âmes plus étroitement unies s'embrassent alternativement et tout ensemble ; la volupté va les rechercher jusqu'aux extrémités d'eux-mêmes ; et non contente des voies ordinaires, elle s'ouvre des passages au travers de tous les pores, comme pour se communiquer avec plus d'abondance : semblable à ces sources qui, trop resserrées par l'étroit tuyau dans lequel elles serpentent, ne se contentent pas d'une issue aussi large qu'elles-mêmes, crèvent et se font jour en mille endroits ; telle est l'impétuosité du plaisir.

Quels sont alors les propos de ces amants ! s'ils parlent de leurs plaisirs présents, s'ils parlent de leurs regrets futurs, c'est encore le plaisir qui exprime ces divers sentiments, c'est l'interprète du cœur. Ce *je ne vous verrai plus* se dit avec tendresse ; il se dit encore avec passion, il excite un nouveau transport ; on se rembrasse, on se resserre, on se replonge dans la plus douce ivresse, on s'inonde, on se noie dans une mer de voluptés. L'amante tout en feu fixe au plaisir son amant, avec quelle ardeur et quel courage ! Rien en eux n'est exempt de ce doux exercice ; tout s'y rapproche, tout y contribue ; la bouche donne cent baisers les plus lascifs, l'œil dévore, la main parcourt ; rien n'est distrait de son bonheur ; tout s'y livre avidement ; le corps entier de l'un et de l'autre est dans le plus grand travail ; une douce mélancolie ajoute au plaisir je ne sais quoi de singulièrement piquant, qui l'augmente et met ces heureux amants dans la situation la plus rare et la plus intéressante. Amour, c'est de ces amants que tu devais dire :

Vite, vite, qu'on les dessine,
Pour mon cabinet de Paphos.

Ils t'en auraient donné le temps ; je les vois mollement s'appesantir et se livrer au repos qu'une douce fatigue leur procure ; ils s'endorment ; mais la nature, en prenant ses droits sur le corps, les exerce en même temps sur l'imagination ; elle veille presque toujours ; les songes sont, pour ainsi dire, à sa solde ; c'est par eux qu'elle fait sentir le plaisir aux amants, dans le sein même du sommeil. Ces fidèles rapporteurs des idées de la veille, ces parfaits comédiens qui nous jouent sans cesse nos passions dans nous-mêmes, oublieraient-ils leur rôle, quand le théâtre est dressé, que la toile est levée, et que de belles décorations les invitent à représenter ? Les criminels dans les fers font des rêves cruels, le mondain n'est occupé que de bals et de spectacles, le trompeur est artificieux, comme le lâche est poltron en dormant, l'innocence n'a jamais rêvé rien de terrible. Voyez le tendre enfant dans son berceau, son visage est uni comme une glace, ses traits sont riants, sa petite paupière est tranquille, sa bouche semble attendre le baiser que sa nourrice est toujours prête à lui donner. Pourquoi le voluptueux ne jouirait-il pas des mêmes bienfaits ? Il ne s'est pas donné au sommeil ; c'est le sommeil qui l'a saisi dans les bras de la volupté. Morphée, après l'avoir enivré de ses pavots, lui fera sentir la situation charmante qu'il n'a quittée qu'à regret. Belles, qui voyez vos amants s'endormir sur votre beau sein, si vous êtes curieuses d'essayer le transport d'un amant assoupi, restez éveillées, s'il vous est

possible ; le même cœur, soyez-en sûres, la même âme
vous communiquera les mêmes feux, feux d'autant plus
ardents, qu'il ne sera pas distrait de vous par vous-
même. Il soupirera dans le fort de sa tendresse, il parlera
même et vous pourrez lui répondre ; mais que ce soit très
doucement ; gardez-vous surtout de le seconder, vous
l'éveilleriez par les moindres efforts ; laissez-le venir à
bout des siens ; représentez-vous tous les plaisirs que
goûte son âme, l'imagination peint mieux à l'œil fermé
qu'à l'œil ouvert ; figurez-vous comme vous y êtes divi-
nement gravée ! jouissez de toute sa volupté dans un
calme profond et dans un parfait abandon de vous-
même ; oubliez-vous, pour ne vous occuper que du bonheur de votre amant. Mais qu'il jouisse à la fin d'un doux
repos ; livrez-vous-y vous-même, en vous dérobant adroi-
tement de peur de l'éveiller ; ne vous embarrassez pas du
soin de revoir la lumière, votre amant vous avertira du
lever de l'aurore ; mais auparavant il se plaît à vous
contempler dans les bras du sommeil ; son œil avide se
repaît des charmes que son cœur adore ; ils recevront
tous ensemble et chacun en particulier l'hommage qui
leur est dû. Que de beautés toujours nouvelles ! Il semble
qu'il les voie pour la première fois. Ses regards curieux
ne seraient jamais satisfaits, mais il faut bien que le plaisir de voir laisse enfin une place au plaisir de sentir. Avec
quelle adresse ses doigts voltigent sur la superficie d'une
peau veloutée ! L'agneau ne bondit pas si légèrement sur
l'herbe tendre de la prairie, l'hirondelle ne frise pas
mieux la surface de l'eau ; ensuite il étend toute la main
sur cette surface douce et polie, il la fait glisser... on

dirait une glace qu'il veut éprouver. Son désir s'augmente par toutes ces épreuves, son feu s'irrite par de
nouveaux larcins ; il va bientôt vous éveiller, mais peu à
peu. Croyez-vous qu'il va prodiguer tous ces noms que
sa tendresse aime à vous donner ? Non, il est trop voluptueux ; sa bouche lui sera d'un autre usage ; il donnera
cent baisers tendres à l'objet de sa passion ; il ne les donnera pas brûlants, pour ne pas l'éveiller encore ; il
approche, il hésite, il se fait violence ; il se tient légèrement suspendu au-dessus d'une infinité de grâces qui
agissent sur lui avec toute la force de leur aimant, il voudrait jouir d'une amante endormie… déjà il s'y dispose
avec toutes les précautions et l'industrie imaginables,
mais en vain ; le cœur de Phylis est averti des approches
de son bonheur, un doux sentiment l'annonce de veine
en veine, ses pores sensibles à la plus légère titillation
s'ouvriraient à l'haleine de Zéphire. Il était temps, bergère, les transports de votre amant touchaient à leur
comble, il n'était plus maître de lui. Ouvrez donc les
yeux, et acceptez avec plaisir les signes du réveil. « C'est
moi, dit-il, c'est ton cher Hylas, qui t'aime plus qu'il
n'ait fait de sa vie. » Il se laisse ensuite tomber mollement
dans vos bras, qu'un reste de sommeil vous fait étendre
et ouvrir à la voix de l'amour ; il les entrelacera dans les
siens ; il s'y confondra de nouveau. C'est ainsi qu'à peine
rendue à vous-même, vous sentirez la volupté du demi-
réveil. L'homme a été fait pour être heureux dans tous
les états de la vie.

C'est assez, profès voluptueux, l'amour ne perd rien à
tous les serments qu'il fait faire ; jurez à votre maîtresse

que vous lui serez fidèle, et levez-vous. C'est ici qu'il faut s'arracher au plaisir que les regrets accompagnent. N'attendez pas les pleurs ni les plaintes d'une belle qui touche au moment de vous perdre ; arrachez-vous encore une fois, et n'excitez point des désirs superflus. Les plaisirs forcés sont-ils des plaisirs ? Songez que vous reverrez un jour votre amante, ou que l'amour, dont l'empire ne finit qu'avec l'Univers, sensible à de nouveaux besoins, vous enflammera pour d'autres bergères, peut-être encore plus aimables.

Amants, qui êtes sur le point de quitter vos belles, que vos adieux soient tendres, passionnés, pleins de ces nouveaux charmes que la tristesse y ajoute. Je veux que vous surpassiez un peu la Nature, mais ne l'excédez jamais : c'est à la tendresse à seconder le tempérament et à faire les derniers efforts. Qu'il serait heureux de trouver une ressource imprévue, au moment même qu'on s'embrasse pour la dernière fois, au moment que les pleurs mutuels de deux amants prenant divers cours semblent être les garants de leur douleur et de leur fidélité, en même temps que la marque et le terme de leurs plaisirs !

Ô vous qui voulez faire croître les myrtes de Vénus avec les pavots de Morphée, voluptueux de tous les temps, prenez tous mon guerrier pour modèle ; ne craignez ni les caprices du réveil, ni le défaut de sentiment. Si le rendez-vous est bien pris, si les cœurs sont d'intelligence, Flore en aura bientôt assez pour goûter à la fois et les douceurs du sommeil et celles de l'amour. Soyez seulement habile économe de vos plaisirs ; sachez l'art délicat de les filer, de les faire éclore dans le cœur d'une amante endormie ; et vous éprouverez que si ceux du soir sont plus vifs, ceux du matin sont plus doux.

Comme on voit le Soleil sortir peu à peu de dessous les nuages épais qui nous dérobent ses rayons dorés, que la belle âme de Flore perce de même imperceptiblement ceux du sommeil : que son réveil exactement gradué, comme aux sons des plus doux instruments, la fasse passer en quelque sorte par toutes les nuances qui séparent ce qu'il y a de vif ; mais pour cela il faut que vos caresses le soient ; il faut n'arriver au comble des faveurs que par d'imperceptibles degrés ; il faut que mille jouissances préliminaires vous conduisent à la dernière jouissance : découvrez, contemplez, parcourez, contentez vos regards, comme l'amant d'Issé ; par eux le cœur s'enflamme, les baisers s'allument… Mais n'en donnez point encore, revenez sur vos pas ; qui vous presse ? Êtes-vous donc las de jouir ? Levez de nouveau çà et là doucement le voile léger qui cache à vos yeux tant d'attraits… Je ne vous retiens plus, eh ! le pourrais-je ? Heureux Pygmalion, vous avez une statue vivante que vous brûlez d'animer ! Déjà le front, les yeux, l'incarnat des joues, ces lèvres vermeilles où se plaît l'amour, cette gorge d'albâtre où se perdent les désirs, ont reçu cent fois tour à tour vos timides baisers ; déjà la sensible Flore semble s'animer sous la douce haleine du nouveau Zéphire. Je vois sa bouche de rose faire un doux mouvement vers la vôtre ; ses beaux bras s'étendent avec une mollesse, dont le simple réveil ne peut se faire honneur ; ses mains commencent à s'égarer, comme les vôtres, partout où l'instinct d'amour les conduit. Plus réveillée qu'endormie, plus doucement émue que vivement agitée, il est temps de passer à des mouvements qui ne seront pas plus ingrats qu'elle. Flore y répond… Doucement, doucement, Tircis… point encore… Elle se soulève à peine… Mais que vois-je ! Un de ses beaux yeux s'est ouvert ; votre air de volupté a passé dans son âme, ses baisers sont plus vifs, ses mains plus hardies… J'entends des sons entre-coupés… Heureux Tircis, que tardez-vous ? Tout est prêt jusqu'au plaisir.

Quels plaisirs, grands Dieux, que ceux de l'amour ! Heureux ces vigoureux descendants d'Alcide qui portent dans leurs veines tous les feux de Cythère et de Lamp-saque ! pour eux la jouissance est un vrai besoin renais-sant sans cesse ; mais plus heureux encore ceux dont l'imagination vive tient toujours les sens dans l'avant-goût du plaisir et comme à l'unisson de la volupté ! Pour ces amants, tous les jours se lèvent sereins et voluptueux ; examinez leurs yeux et jugez, si vous pouvez, s'ils vont au plaisir ou s'ils en viennent. Si les préludes leur sont chers, que ces restes leur sont précieux ! Est-ce la volupté même qui plane dans son atmosphère ? Voyez-vous comme ils les ménagent, les chérissent, les recueillent en silence, les yeux fermés, comme au centre de leur imagi-nation ravie, semblables à une tendre mère qui couvre de ses ailes et retient dans son sein ses petits qu'elle craint de perdre ! vos transports sont à peine finis, Cli-mène, et vous avez déjà la force de parler ! ah, cruelle !

Dans le souverain plaisir, dans cette divine extase où l'âme semble nous quitter pour passer dans l'objet adoré, où deux amants ne forment qu'un même esprit animé par l'amour, quelque vifs que soient ces plaisirs qui nous enlèvent hors de nous-mêmes, ce ne sont jamais que des plaisirs ; c'est dans l'état doux qui leur succède, que l'âme en paix, moins emportée, peut goûter à longs traits tous les charmes de la volupté. Alors en effet elle est à elle-même, précisément autant qu'il faut pour jouir d'elle-même ; elle contemple sa situation avec autant de plaisir qu'Adonis sa figure, elle la voit dans le miroir de la volupté. Heureux moments, délire ou vertige amoureux, quelque nom qu'on vous donne, soyez plus durables et ne fuyez pas un cœur qui est tout à vous. Ne m'approchez pas, mortels fâcheux et turbulents, laissez-moi jouir… Je suis anéanti, immobile ; j'ai à peine la force d'ouvrir des yeux fermés par l'Amour. Mais que cette langueur a de charmes ! Est-ce un rêve ou une réalité ? Il me semble que je m'abaisse, mais pour tomber, heureux sybarite, sur un monceau de feuilles de roses. La mollesse avec laquelle tous mes sens se replient sur tant de délices me les rappelle. Douce ivresse ! je jouis encore des faveurs de Thémire ; je la vois, je la tiens entre mes bras. Il n'y a pas dans tout son beau corps une seule partie que je ne caresse, que je n'adore, que je ne couvre de mes baisers. Ah Dieux ! que d'attraits ! Et que d'hommages réels mérite l'illusion même ! Que ne puis-je toujours ainsi vous voir, adorable Thémire ! votre idée me tiendrait lieu de vous-même. Pourquoi ne me suit-elle pas partout ? L'image de la beauté vaut la beauté même, si elle n'est encore plus séduisante. Doux souvenir de mes plaisirs passés, ne me quittez jamais ! Passés ! que dis-je ! Non, Amour, ils ne le sont point. Je sens votre auguste présence… Doux plaisir !… Quelle volupté ! Mes yeux s'obscurcissent… Ah Thémire !… Ah Dieu puissant ! se peut-il que l'absence ait tant de charmes, et que nos faibles organes suffisent à cet excès de bonheur ? Non, de si grands biens ne peuvent appartenir qu'à l'âme, et je la reconnais immortelle à ses plaisirs.

Souffre, belle Thémire, que je me rappelle ici jusqu'aux moindres discours que tu soupirais la première fois… Quel combat enchanteur de la vertu, de l'estime et de l'amour ! comme à des mouvements ingrats il en succéda peu à peu de plus doux qui ne t'inquiétaient pas moins ! je vois tes paupières mourantes, prêtes à fermer des yeux adoucis, attendris par l'amour. Le rideau du plaisir fut bientôt tiré devant eux ; la force t'abandonnait avec la raison, tu ne voyais plus, tu ne savais ce que tu allais devenir, tu craignais hélas ! que cette simplicité ajoutait à tes charmes et à mon amour ; tu craignais de tomber en faiblesse et de mourir au moment même que tu allais verser bien d'autres larmes que les premières, que tu allais sentir le bien-être et le plus grand des plaisirs. De quelle volupté encore ta tendresse fut suivie ! Quels nouveaux et violents transports ! Dieux jaloux ! respectez l'égarement d'une mortelle charmante qui s'oublie dans les bras qu'elle adore, plus heureuse ! que dis-je ! plus Déesse en ces moments que vous n'êtes Dieux ! Amour, tu ne l'es toi-même que par nos plaisirs !

Quel autre pinceau que celui de Pétrone pourrait peindre cette première nuit !… Quels plaisirs enveloppa son ombre voluptueuse ! quelle extase ! que de jouissances dans une ! Brûlants d'amour, collés étroitement ensemble, agités, immobiles, nous nous communiquions des soupirs de feu : nos deux âmes, confondues par les baisers les plus ardents, ne se connaissaient plus ; éperdument livrées à toute l'ivresse de nos sens, elles n'étaient plus qu'un transport inexprimable, avec lequel, heureux mortels, nous nous sentions délicieusement mourir.

Si les plaisirs du corps sont si vifs, quels sont ceux de l'âme ! Je parle de cette tendresse pure, de ces goûts exquis qui semblent faire distiller la volupté goutte à goutte au fond de nos âmes, tellement enivrées, tellement remplies de la perfection de leur état qu'elles se suffisent à elles-mêmes et ne désirent rien. Ah ! que les cœurs qui sont pénétrés de cette divine façon de sentir sont heureux ! oui, j'en jure par l'amour même, j'ai vu des moments, Dieux ! quels moments ! où ma Thémire, s'élevant au-dessus des voluptés du corps, méprisait dans mes bras des faveurs que l'amour eût dédaignées lui-même.

Toute tendresse, toute âme, Dieux ! quelle existence ! disait-elle. Non, je n'avais point encore connu l'amour… Rejetant ensuite tout autre sentiment plus vif, sans doute parce qu'ayant moins de douceur, sa vivacité même fait alors une sorte de violence, laisse-moi, laisse-moi goûter en paix et sans mélange un bien-être si grand, si parfait : le plaisir corromprait mon bonheur.

Je regardais ma Thémire avec l'attendrissement qu'elle m'avait inspiré. Tant d'amour avait fait couler quelques larmes de ses yeux, qui en étaient plus beaux. Dans son amoureuse mélancolie, son cœur n'avait pu contenir tout le torrent de tendresse dont il semblait inondé. Mais enfin les sens, se réveillant peu à peu, rentrèrent dans leurs droits ; et nos ébats devenus plus vifs, sans en être moins tendres : non, reprit Thémire, non, tu ne connais point encore tous mes transports ; je voudrais que toute mon âme pût passer dans la tienne.

J'avais déjà fait deux sacrifices. Thémire enflammée croyait toucher à chaque instant l'heureux terme de ses plaisirs ; mais soit que l'amour, comme retenu par la tendresse, fût encore fixé ou concentré au fond de son cœur, soit qu'un tempérament trop irrité ne répondît pas à l'ardeur de ses désirs, je la vis, désespérée, témoigner, en frémissant, qu'elle ne pouvait supporter tant d'agitation ; son transport s'éleva jusqu'à la fureur. Quoi ! disait-elle, le sort de Tantale m'est réservé dans le sein des plaisirs !

Le moyen de ne pas mettre tout en œuvre pour calmer ce qu'on aime ! Comment refuser des plaisirs qui s'augmentent partagés !

Un troisième sacrifice apaisa peu à peu cette espèce de colère des sens mal satisfaits. Le plaisir ne fut plus renvoyé : des mouvements plus doux l'accueillirent et rappelèrent la molle volupté. Mes yeux étaient pleins d'amour ; Thémire ouvrit les siens, et voyant l'intérêt vif que je prenais au succès de ses plaisirs, l'air élevé, animé, tout de feu, dont je l'encourageais, dont je présidais au combat, remplie elle-même alors du Dieu qui me possédait, d'une voix douce et d'un regard mourant, enfin, dit-elle, ah ! viens vite, cher amant, viens dans mes bras… que j'expire dans les tiens !

Quelle maîtresse, grands Dieux ! jugez si je l'adore, si je

cesserai un moment de l'aimer, et si elle a besoin d'être jeune comme Hébé et belle comme la Vénus de Praxitèle, pour partager vos autels !

Mais, à son tour, Thémire est contente ; elle a pour amant non seulement un grand maître dans l'art des voluptés, mais un cœur, je dois le dire à ta gloire, tendre amour, un cœur bien différent de tous les autres ; toujours amoureux, toujours complaisant, qui ne vit, ne sent que pour elle, qui n'a point d'autre volonté, d'autre âme que la sienne, qui ne murmura jamais de ses plus injustes rigueurs. Pendant combien d'années me suis-je contenté, que dis-je ! me suis-je trouvé trop heureux des simples baisers, caresses et attouchements, comme dit naïvement Montaigne ? Si rien ne doit jamais dégoûter un amant de l'objet qu'il aime, si rien ne doit suspendre un service dont l'amour permet la célébration, rien aussi ne doit rendre infracteur de la foi qu'on a jurée à sa maîtresse. Belles, vous jugerez vos amants par leur générosité ; c'est la balance des cœurs. Veulent-ils forcer vos goûts, violer votre prudence, et, sans égard pour de trop justes craintes, vous exposer aux suites fâcheuses d'une passion sans retenue ? Soyez sûres qu'ils vous trompent, qu'ils ne sont qu'impétueux, et que vous n'êtes pas vous-mêmes ce qu'ils aiment le plus en vous.

Voyons comment tous les sens concourent à nos plaisirs. On sait déjà que *Vénus* peut être *physique*, sans perdre de ses grâces. Le plus beau spectacle du monde est une belle femme ; il se peint dans ses yeux ; c'est par eux que passe dans l'âme l'image de la beauté, image agréable dont la trace nous suit partout, source féconde en amoureux désirs. Sans cet admirable organe, miroir transparent où se vient peindre en petit tout l'Univers, on serait privé de cette Sirène enchanteresse, aux pièges de laquelle il est si doux de se laisser prendre. C'est elle qui embellit tout ce qu'elle touche, et se représente tout ce qu'elle veut. Ses brillants tableaux charment nos ennuis dans l'absence, qui disparaît pour faire place à l'objet aimé dont l'imagination est le triomphe ; ses yeux de Lynx s'étendent sans bornes sur l'avenir, comme sur le passé ; par eux, par la manière dont ils sont taillés, les objets les plus éloignés se rapprochent, se grossissent et se montrent enfin sous les plus beaux traits ; par eux le voluptueux jouit de ses idées ; il les appelle, les éveille, écarte les unes, fixe et caresse les autres au gré de ses désirs. Non que je sache comment l'imagination broie les couleurs, d'où naissent tant d'illusions charmantes, mais l'image du plaisir qui en résulte est le plaisir même.

L'esprit, le charme de la conversation, la douceur de la voix, la musique, le chant, sans l'ouïe que d'attraits perdus ! Sans l'odorat, aurais-je le plaisir de sentir le parfum des fleurs et de ma Thémire ? Sans le toucher, le satin de sa belle peau perdrait sa douceur ! Quel plaisir aurait ma bouche, collée sur sa bouche avec mon cœur ? Que deviendraient ces baisers amoureusement donnés, reçus, rendus, recherchés ? Toutes ces voluptés badines qui changent les heures en moments, tous ces jeux d'enfants qui plaisent à l'amour ne séduiraient plus nos tendres cœurs ; cette partie divine serait en vain légèrement titillée, soit par les mains des Grâces, soit par le plus agile organe des mortels ; ce bouton de rose n'aurait plus la même sympathie ;

cet harmonieux accord de deux plaisirs industrieusement réunis, ce doux concert de la volupté serait détruit. En vain, Thémire, ces charmes dont je suis idolâtre tomberaient en grappe délicieuse dans la bouche voluptueuse qui les attend. Plus de ressources imprévues, plus de miracles d'amour désespéré ; ce qu'il y a de plus sensible dans les amours des tendres colombes serait perdu avec la plus puissante des voluptés.

Assez d'autres ont chanté les glouglous de la bouteille ; je veux célébrer ceux de l'amour, incomparablement plus doux. Je t'évoque ici du sein des morts, charmant Abbé ; quitte ces champs toujours verts et l'éternel printemps de ces jardins fleuris, riant séjour des âmes généreuses qui ont joint le plaisir délicat de faire des heureux au talent de l'être... Je reconnais ton ombre immortelle, aux fleurs que la volupté sème sur tes pas. Explique-nous quelle est cette espèce de philtre naturel... dis, Chaulieu, par quel heureux échange nos âmes, en quelque sorte tamisées, passent de l'un dans l'autre, comme nos corps. Dis comment ces âmes, après avoir mollement erré sur des lèvres chéries, aiment à couler de bouche en bouche et de veine en veine, jusqu'au fond des cœurs en extase. Y cherchent-elles le bonheur dans les sentiments les plus vifs ? Quelle est cette divine, mais trop courte métempsycose de nos âmes et de nos plaisirs !

Charmes magiques, aimants de la volupté, mystères cachés de Cypris, soyez toujours inconnus aux amants vulgaires ; mais pénétrant tous mes sens de votre auguste présence, faites que je puisse dignement peindre celui que vous excitez, et pour lequel tous les autres semblent avoir été faits. On le reconnaît à son délicieux et puissant empire ; il interdit l'usage de la parole, de la vue, de l'ouïe, de la pensée, qui fait place au sentiment le plus vif ; il anéantit l'âme avec tous ses sens ; il suspend toutes les fonctions de notre économie ; il tient, pour ainsi dire, les rênes de l'homme entier, au gré de ces joies souveraines et respectables, de ce fécond silence de la Nature, qu'aucun mortel ne devrait troubler, sans être écrasé par la foudre : telle est en un mot la puissance immortelle, que la raison, cette vaine et fière Déesse, rangée sous son despotisme, n'est, comme les autres sens, que l'heureuse esclave de ses plaisirs.

À ces traits qui peut méconnaître l'amour ? Qui peut ne pas rendre hommage à cette importante action de la Nature, par laquelle tout croît, multiplie et se renouvelle sans cesse, et dont toutes les autres ne semblent être que des distractions : distractions nécessaires à la vérité, autorisées et même conseillées par l'Amour, à condition qu'on n'en ait point en célébrant ses mystères. Ô Vénus ! combien peu sentent le prix de tes faveurs ! Combien peu se respectent eux-mêmes dans les bras de la volupté ! Oui, ceux qui sont alors capables de la moindre distraction, ceux à qui tes plaisirs ne tiennent pas lieu de tous les autres, pour qui tu n'es pas tout l'Univers, indignes du rang de tes élus, le sont de tes bontés !

La volupté a son échelle, comme la Nature ; soit qu'elle la monte ou la descende, elle n'en saute pas un degré ; mais parvenue au sommet, elle se change en une vraie et longue extase, espèce de catalepsie d'amour qui fuit les débauchés et n'enchaîne que les voluptueux.

Quelle est cette honnête fille que l'amour conduit tremblante au lit de son amant ? L'Hymen seul, que sa générosité refuse, pourrait la rassurer. Elle se pâme dans les bras de Sylvandre, qui meurt d'amour dans les siens ; mais réservée dans ses plaisirs, elle modère si bien ses transports qu'il n'est que trop sûr qu'elle ne confondra que ses soupirs. Elle se défie de l'adresse même du Dieu qu'elle chérit ; tout Dieu qu'il est, elle ne l'en croit que plus trompeur. Sa virginité lui est moins chère que son amour ; sans doute sa curiosité serait voluptueusement satisfaite avec celle de son amant ; en faisant tout pour lui, elle croit n'avoir rien fait, parce que ce n'est point avec lui ; elle le refuse moins qu'elle-même ; elle n'entend plus que la voix d'un fantôme qui lui dit de se respecter. Quelque excessive que soit la tendresse d'un cœur qui n'a jamais aimé, elle n'est point à l'épreuve de l'infamie. Dieu puissant ! se peut-il qu'une faible mortelle, que tu as si facilement séduite par tes plaisirs, se souvienne encore en aimant de tout ce qu'on devrait oublier quand on aime ?

À quel genre de volupté plus simple, plus épurée, suis-je parvenu ! Ici l'Églogue, la flûte à la main, décrit avec une tendre simplicité les amours des simples bergers. Tircis aime à voir ses moutons paître avec ceux de Sylvandre ; ils sont l'image de la réunion de leurs cœurs. C'est pour lui qu'Amour la fit si belle ; il mourrait de douleur, si elle ne lui était pas toujours fidèle. Là, c'est l'Élégie en pleurs, qui fait retentir les échos des plaintes et des cris d'un amant malheureux. Il a tout perdu en perdant ce qu'il aime ; il ne voit plus qu'à regret la lumière du jour ; il appelle la mort à grands cris, en demandant raison à la Nature entière de la perte qu'il a faite.

Il faut l'entendre exprimer lui-même la vivacité de ses regrets, entrecoupés de soupirs. La pudeur augmentait les attraits de son amante ; elle la conservait dans le sein même des plus grands plaisirs, qui en étaient plus piquants. Avant lui, elle ne connaissait point l'amour. Il se rappelle avec transport les premiers progrès de la passion qu'il lui inspira, et tout le plaisir mêlé d'une tendre inquiétude qu'elle eut à sentir une émotion nouvelle. Pendant combien d'années il l'aima, sans oser lui en faire l'aveu ! Comme il prit sur lui de lui déclarer enfin sa passion en tremblant ! Hélas ! elle n'en était que trop convaincue ; tous ces beaux noms de sympathie ou d'amitié la déguisaient mal ; elle sentait que l'amour se masquait pour la tromper, et, peut-être sans le savoir, aide-t-elle ce Dieu même à donner à ce parfait amant autant de confiance que son dangereux respect lui en avait inspiré à elle-même. Mais se rendre digne des faveurs de Sylvandre était pour Damon d'un plus grand prix que de les obtenir. Aimer, être aimé, c'était pour son cœur délicat la première jouissance, jouissance sans laquelle toutes les autres n'étaient rien. La vérité des sentiments était l'âme de leur tendresse, et la tendresse l'âme de leurs plaisirs ; ils ne connaissaient d'autres excès que celui de plaire et d'aimer : c'est la volupté des cœurs.

Pleure ! (eh ! qu'importe que l'on pleure pourvu qu'on soit heureux), pleure, infortuné berger ! un cœur amoureux trouve des charmes à s'attendrir ; il chérit sa tristesse, les joies les plus bruyantes n'ont pas les douceurs d'une tendre mélancolie. Pourquoi ne pas s'y livrer, puisque c'est un plaisir, et le seul plaisir qu'un cœur triste puisse goûter dans la solitude qu'il recherche ? Un jour viendra que trop consolé tu regretteras de ne plus sentir ce que tu as perdu. Trop heureux de conserver ton chagrin et tes regrets, si tu les perds, tu existeras comme si tu n'avais jamais aimé.

Pourquoi vous mettre au rang des prudes, vous qui ne l'êtes pas, respectable Zaïde ? Pourquoi accordez-vous à mon idée plus qu'à moi-même ? Je suis tel que vous supposez ; vous n'avez, j'en jure par vos beaux yeux, vous n'avez pas plus à craindre avec l'original qu'avec la copie. C'est perdre de gaieté de cœur un bien réel, pour embrasser la nue d'Ixion. Rassurez-vous ; ne craignez ni indiscrétion ni inconstance, je n'en veux pour garants que vos charmes.

Nos cœurs sont faits l'un pour l'autre ; que la plus douce sympathie les enchaîne pour jamais ! C'est bien nous, faibles mortels, à croire pouvoir être heureux sans le secours de Vénus ! Quelque industrieux que soient les moyens qu'on a imaginés, l'Amour en gémit ; craignons son courroux ; c'est le plus redoutable des Dieux. Venez, Zaïde, venez, ne sentez-vous donc point le vide de votre condition ? et comment le remplir sans amour ? Voyez les lys dont il a parsemé votre beau teint ! C'est pour donner à votre amant le plaisir de les changer en roses. L'empire de Flore est soumis à celui de l'Amour. Un jour viendra, n'en doutez pas, que vous vous repentirez moins d'avoir aimé, fût-ce un volage, que de n'avoir point

aimé. Tous ces beaux jours perdus dans une froide indif-
férence, vous les regretterez, Zaïde, mais en vain ; ils
s'envolent et ne reviennent plus.

> *D'une ardeur extrême*
> *Le temps nous poursuit.*
> *Détruit par lui-même,*
> *Par lui reproduit :*
> *Plus léger qu'Éole ;*
> *Il naît et s'envole,*
> *Renaît et s'enfuit.*

Voyez ce jeune Myrte ! sa vie est courte, il sera bientôt
flétri. Mais il profite du peu de jours qui lui sont accor-
dés ; il ne se refuse ni aux caresses de Flore, ni aux
douces haleines de Zéphire. Imitons-le en tout, Zaïde, et
que sa vie, l'image de la nôtre par la durée, le soit encore
par les plaisirs.

Jeune Cloé, vous me fuyez… En vain je vous appelle,
en vain je vous poursuis… Déjà tous vos charmes se
dérobent à ma vue… rassurons-nous… Les coquettes ne
font que semblant de se cacher.

À ces jeux que Virgile a si bien peints, qui ne voit les
ruses et toute la coquetterie d'Amour ? Vous croyez le
prendre sur des lèvres vermeilles ! L'enfant qu'il est s'y
croit trop à découvert ! il se sauve, il s'enfuit. Jeune
Aurore, il est déjà dans les boucles de vos beaux che-
veux ; comme il s'y joue avec un souffle badin d'une
épaule à l'autre ! Que j'aime à le voir, las de voltiger
comme un oiseau du lys à la rose et de l'ivoire au corail,

se reposer enfin sur votre belle gorge ! On l'y poursuit, il n'y est déjà plus. Par où s'est-il glissé ? Où se cache-t-il ? Partout où habite la beauté. Il s'est fait une dernière retraite, c'est là qu'il aime à s'arrêter, « comme une tendre fauvette sur ses petits ». Poursuivez-le encore ; à l'air dont il demande grâce, qu'on voit bien qu'il n'en veut point avoir ! Il ne semble se fixer au siège de la volupté, il n'est bien aise que son empire ait des bornes que pour avoir le plaisir de s'y laisser prendre et ne pas manquer d'excuse.

Transportons-nous à l'Opéra ; la Volupté n'a point de temple plus magnifique, ni plus fréquenté. Quelles sont ces deux danseuses autour de l'arche de Jephté ? Dans l'une, quelle agilité, quelle force, quelle précision ! Le plaisir la suit avec les jeux et les ris, son escorte ordinaire ; l'autre, moins étonnante, séduit plus ; ses pas sont mesurés par les grâces et composés par les Amours. Quelle moelle, quelle douceur ! L'une est brillante, légère, nouvelle ; l'autre est ravissante, inimitable. Si Camargo est au rang des Nymphes, vertueuse Salé, vous ornerez le Chœur des Grâces. Divine enchanteresse, quelle âme de bronze n'est pas pénétrée de la mollesse de tes mouvements ? Étends, déploie seulement tes beaux bras, et tout Paris est plus enchanté qu'Amadis même !

Nouvelle Terpsychore, je n'ai point à regretter ce genre de plaisirs. Sage C**, vous avez plus d'art, sans manquer de grâces. D***, charmante D***, vous avez plus de grâces, sans manquer d'art. Brillantes rivales, vous faites l'une et l'autre l'honneur des ballets d'Apollon.

Qu'entends-je ! Le Dieu du chant serait-il descendu sur

la Terre ! Quels sons ! Quel désespoir ! Quels cris ! Nouvel Atis, aimable Jéliote, sers-toi de tout l'empire que tu as sur les cœurs sensibles : non, jamais la puissance d'Orphée n'égala la tienne ! Et toi, frêle et surprenante machine, qui n'as point été faite pour penser, le Maure remercie l'amour de t'avoir organisée pour chanter ; tu ravis nos âmes par les sons de ta voix !

De combien de façons n'intéresses-tu pas nos cœurs, puissante Vénus, lors même que tu persécutes une malheureuse, dont le crime est celui des Dieux ! Mérope, mère incomparable, ta tendresse est éperdue, c'est presque de l'amour. Je ne t'oublie point, adorable Zaïre ; j'ai pour toi les yeux d'Orosmane ; oui, tu étais digne d'un plus heureux destin. Pourquoi faut-il qu'une flamme aussi pure soit éteinte par des préjugés que tu n'avais pas ? L'amour devait-il souffrir qu'on éclairât la reine de son empire sur d'autres intérêts que ceux de la volupté ?

Le plaisir de la table succède à celui des spectacles. Le voluptueux sait choisir ses convives ; il veut qu'ils soient, comme lui, sensuels, délicats, aimables, et plutôt gais, plaisants, que spirituels. Il écarte tout fâcheux conteur, tout ennuyeux érudit. Surtout point de beaux esprits ; ils aiment plus à briller qu'à rire. Des bons mots, des saillies, quelques étincelles (l'esprit a sa mousse comme le champagne), mais plus encore de joie ; et que le goût du plaisir pétille dans tous les yeux, comme le vin dans la fougère. Le gourmand gonflé, hors d'haleine dès le premier service, semblable au cygne de La Fontaine, est bientôt sans désirs. Le voluptueux goûte de tous les mets, mais il en prend peu, il se ménage, il veut profiter de tout. Comus est son cuisinier, et la fine Vénus a bien ses raisons pour fournir ses ingrédients. Les autres sablent le champagne ; il le boit, le boit à longs traits, comme toutes les voluptés. Vous sentez qu'il préfère à tous ces charmants tête-à-tête, où, les coudes sur la table, les jambes entrelacées dans celles de sa maîtresse, les yeux sont le plus faible interprète du langage du cœur. Versez, Iris, versez à plein verre. « Qu'il endorme, ou qu'il excite, la traite est petite de la table au lit. » Cette nuit, distillé par l'Amour, il vous sera rendu… Mais auparavant, accordez à Bacchus ce qui est dû à Bacchus ; laissez-le reposer dans les bras de Morphée ; il ne pourrait fournir qu'une faible carrière. Déesse de Cythère, je sais quels hommages sont dus à vos charmes ; mais attendez à voir paraître votre étoile ! Vous entendez mal vos intérêts… Iris, n'éveillez pas si tôt votre amant.

Suivons partout le voluptueux, dans ses discours, dans ses promenades, dans ses lectures, dans ses pensées, etc. Il distingue la volupté du plaisir, comme l'odeur de la fleur qui l'exhale, ou le son de l'instrument qui le produit. Il définit la débauche, un excès de plaisir mal goûté, et la volupté, l'esprit et comme la quintessence du plaisir, l'art d'en user sagement, de le ménager par raison, et de le goûter par sentiment. Est-ce sa faute, après cela, si on a plus de désirs que de besoins ? Il est vrai que le plaisir ressemble à l'esprit aromatique des plantes ; on n'en prend qu'autant qu'on en inspire ; c'est pourquoi vous voyez le voluptueux prêter à chaque instant une oreille attentive à la voix secrète de ses sens dilatés et ouverts ;

lui, comme pour mieux entendre le plaisir, eux, pour mieux le recevoir. Mais s'ils n'y sont pas propres, il ne les excite point : il perdrait le point de vue de son art, la sagesse des plaisirs.

La Nature prend-elle ses habits de printemps ? prenons, dit-il, les nôtres ; faisons passer dans nos cœurs l'émail des prés et la verte gaieté des champs. Parons notre imagination des fleurs qui rient à nos yeux. Belles, parez-en votre sein, c'est pour vous qu'elles viennent d'éclore ; mais prenez encore plus d'amours que de fleurs. Enivrez-vous de tendresse et de volupté, comme les prés s'enivrent de leurs ruisseaux. Chaque être vous adresse la parole ; seriez-vous sourdes à la voix, à l'exemple de la Nature entière ? Voyez ces oiseaux ! à peine éclos, leurs ailes les portent à l'amour ! Voyez comme ce Dieu badin folâtre sous la forme de Zéphire autour de ce vert feuillage ! Les fleurs mêmes se marient ; les vents sont leurs messagers amoureux. Chaque chose est occupée à se reproduire.

Vous, qui avez tant de sentiment, Corine... venez. Si l'instinct jouit plutôt que l'esprit, l'esprit goûte mieux que l'instinct.

Qu'un simple bouquet a de charmes pour un amant ! *L'amour est-il niché dans ces fleurs ?* Daphnis croit le respirer lui-même ; on dirait qu'il veut l'attirer dans son cœur par une voie nouvelle. Mais quel feu secret ! Quelle douce émotion ! Et quelle en est la cause ? *C'est qu'il était contre le cœur de sa chère Thérèse.* En reçoit-elle un à son tour des mains de son berger ? Il la suit des yeux. Que ces fleurs sont heureuses d'être si bien placées ! Elles ornent le trône des Amours ! Il envie leur sort ; il voudrait, comme elles, expirer sur ce qu'il aime.

La douleur est un siècle, et le plaisir un moment ; ménageons-nous pour en jouir, dit le convalescent voluptueux. Reprend-il un nouvel être ? Il est enchanté du spectacle de l'Univers. Heureuse abeille, il n'y a pas une fleur dont il ne tire quelque suc ; ses narines s'ouvrent à leur agréable parfum. Une table bien servie ranime son appétit, un vin délicieux flatte son palais, un joli minois le met tout en feu : que dis-je !

La première Phylis des hameaux d'alentour,
Est la Sultane favorite,
Et le miracle de l'Amour.

Lesbie, vous êtes charmante, et je vous aime plus que Catulle ne vous a jamais aimée... Mais vous êtes trop *libidineuse* : on n'a pas le temps de désirer avec vous. Déjà... pourquoi si vite ? J'aime qu'on me résiste et non qu'on me prévienne, mais avec art, ni trop, ni trop peu ; j'aime une certaine violence, mais douce, qui excite le plaisir sans le déconcerter. La volupté a son soleil et son ombre : croyez-moi, Lesbie, restons encore quelque temps à l'ombre ; ombre charmante, ombre chérie des femmes voluptueuses, nous ne nous quitterons que trop tôt ! Ne sentez-vous donc pas le prix d'une douce résistance et d'un bien plus doux amusement ? Il n'y a pas jusqu'à la faiblesse même dont on ne puisse tirer parti. Que Polyénos, Ascylthe, et tous les Mazulims du monde ne se plaignent plus de leur désastre, l'attente du plaisir en est un. Circé s'en loue, elle remercie son amant de ce qui blesse au moins la vanité des autres femmes. Circé rend grâces à une trop heureuse impuissance, c'est qu'elle n'est que voluptueuse : son plaisir en a duré plus longtemps, ses désirs n'ont point fini. Les langueurs du corps empêchent donc quelquefois les langueurs de l'âme ! Quoi ! elles soutiennent la volupté ! Qui l'eût cru, sans l'expérience de la *Parodie* du *Pavot* de Virgile ? Parodie si brusque quelquefois, au milieu même des plus *grands airs*, qu'on a bien de la peine à n'en pas rire, au hasard d'augmenter le dépit de Vénus.

Si le voluptueux se promène, le plus beau lieu, le chant des oiseaux, la fraîcheur des ruisseaux et des zéphires, un air embaumé de l'esprit des fleurs, la plus belle vue, la plus superbe allée, celle où Diane se promène elle-même avec toute sa cour : voilà ce qu'il choisit et ce qu'il quitte bien plus volontiers, soit pour lire au frais Crébillon ou Chaulieu, soit pour s'égarer dans un bois et fouler avec quelque Driade le gazon touffu d'un bosquet inaccessible aux profanes. Lambris dorés que les flûtes et les voix font retentir, charmez-vous ainsi le magnifique ennui des rois ?

S'il attend sa maîtresse, c'est dans le silence et le mystère ; tous ses sens tendus semblent écouter, il ose à peine respirer, un faux bruit l'a déjà trompé plus d'une fois : puissé-je l'être toujours ainsi. Tout dort, et Julie ne vient point ? L'impatience de l'un surpasse la prudence de l'autre. Il ne se connaît plus, il brûle, il frémit du plaisir qu'il n'a pas encore… Que sera-ce et quels transports, quand un objet si tendrement chéri, si vivement imaginé,

éclairé par le seul flambeau de l'amour… Heureux Sylvandre, voilà Julie !

Issé est-elle dans les bras du sommeil ? Celui de
l'amour même n'est pas plus respecté ; il ordonne aux
ruisseaux de murmurer plus bas ; il voudrait imposer
silence à la Nature entière. Issé ne s'éveillera que trop
tôt, elle est dans la plus galante attitude. Voyez celle de
l'amant ! voyez ses yeux ! Que de charmes ils parcou-
rent ! Favorise le Dieu du sommeil, et qu'ils aient le
temps de se *payer des larmes qu'ils ont versées pour eux !*

Beaux jours d'Hébé ! quoi ! vous ne reviendrez plus !
Je serai désormais impitoyablement livré au vide d'un
cœur sans tendresse et sans désir : vide affreux que tous
les goûts, tous les arts, toutes les dissipations de la vie ne
peuvent remplir ! Que je sente du moins quelquefois les
flatteuses approches du plus respectable des Dieux,
signe consolateur d'une amante éperdue, et tel qu'au
Nautonier alarmé se montre la brillante étoile du matin !
Plaisir, ingrat plaisir, c'est donc ainsi que tu traites qui
t'a tout sacrifié ! Si j'ai perdu mes jours dans la volupté,
ah ! rendez-les-moi, grands Dieux, pour les reperdre
encore !

Je suis jaloux de ton bonheur, trop heureux pêcher. La
Nature t'a traité en mère, et l'homme en marâtre. Un
doux zéphire a soufflé dans les airs, une nouvelle chaleur
te rappelle à la vie, tes boutons paraissent, se dévelop-
pent bientôt ornés de fleurs ; tu seras enfin chéri pour tes
excellents fruits. Combien de printemps t'ont rajeuni !
Combien d'autres te rajeuniront encore, tandis que le
premier de l'homme, hélas ! est aussi son dernier. Quoi !

cet arbre fleuri qui fait l'honneur du champ, qui a plus de sentiment que tous les êtres ensemble, ne serait qu'une plante éphémère, éclose le matin, le soir flétrie, moins durable que ces fleurs, qui du moins, sûres de parer nos campagnes durant l'été, embelliront peut-être l'automne même ! Spectacle enchanteur dont l'éternité même ne pourrait me rassasier ; un destin, cruel sans doute, nous arrache au plaisir de vous voir et de vous admirer sans cesse, mais il est inévitable. Ne perdons point le temps en regrets frivoles ; et tandis que la main du printemps nous caresse encore, ne songeons point qu'elle va se retirer ; jouissons du peu de moments qui nous restent ; buvons, chantons, aimons qui nous aime ; que les jeux et les ris suivent nos pas ; que toutes les voluptés viennent tour à tour, tantôt amuser, tantôt enchanter nos âmes ; et quelque courte que soit la vie, nous aurons vécu.

Le voluptueux aime la vie, parce qu'il a le corps sain, l'esprit libre et sans préjugés. Amant de la Nature, il en adore les beautés, parce qu'il en connaît le prix ; inaccessible au dégoût, il ne comprend pas comment ce poison mortel vient infecter nos cœurs. Au-dessus de la Fortune et de ses caprices, il est sa fortune à lui-même ; au-dessus de l'ambition, il n'a que celle d'être heureux ; au-dessus des tonnerres, Philosophe épicurien, il ne craint pas plus la foudre que la mort. Les arbres se dépouillent de leur verdure, il conserve son amour. Les fleuves se changent en marbre, un froid cruel gèle jusqu'aux entrailles de la Terre, il brûle des feux de l'été. Couché avec sa chère Délie, la rigueur de l'hiver, le vent, la pluie, la grêle, les éléments déchaînés ajoutent au bonheur de Tibule. Si la mer est calme et tranquille, le voluptueux ne voit dans cette belle nappe d'huile qu'une parfaite image de la paix. Si les flots bouleversés par Éole en furie menacent quelque vaisseau du naufrage, ce tableau mouvant de la guerre, tout effrayant qu'il est, il le voit avec le plaisir d'un homme éloigné du danger. Ce n'est pas là un de ceux que court volontiers la volupté.

Tout est plaisir pour un cœur voluptueux ; tout est roses, œillets, violettes dans le champ de la Nature. Sensible à tout, chaque beauté l'extasie ; chaque être inanimé lui parle, le réveille ; chaque être animé le remue ; chaque partie de la Création le remplit de volupté. Voit-il paraître la riante livrée du printemps ? Il remercie la Nature d'avoir prodigué une couleur si douce et si amie des yeux. Admirateur des plus frappants phénomènes, le lever de l'Aurore et du Soleil ; cette brillante couleur de pourpre, qui, se jouant dans le brun des nuées, forme à son couchant la plus superbe décoration, les rayons argentés de la lune, qui consolent les voyageurs de l'absence du plus bel astre ; les étoiles, ces diamants de l'Olympe, dont l'éclat est relevé par le fond bleu auquel ils sont attachés ; ces beaux jours sans nuages, ces nuits plus belles encore qui inspirent les plus douces rêveries, nuits vertes des forêts, où l'âme, enchaînant ses pensées volages dans les bornes charmantes de l'amour, contente, recueillie, se caresse elle-même et ne se lasse point de contempler son bonheur : ombre impénétrable aux yeux des Argus, où il suffit d'être seul pour désirer d'être avec vous, Thémire, et d'être avec vous, pour oublier tout l'Univers. Que dirai-je enfin ? toute la Nature est dans un cœur qui sent la volupté.

Vous la sentez, Sapho, vous éprouvez l'empire de cette puissante Divinité. Mais quel singulier usage vous en faites ! Vous refusez aux uns ce que vous ne pouvez accorder aux autres ; vous jouez le sexe que vous n'avez pas, pour chérir celui que vous avez. Amoureuse de votre sexe, vous voudriez en changer ! Vous ne voyez pas que vous oubliez votre personnage, en faisant mal le nôtre, et que la Nature abusée en rougit.

Ne nous élevons point contre cette usurpation ; n'arrê-tons point le cours d'un ruisseau, qui conduit tôt ou tard à sa source. Quand on prend de l'amour, on peut prendre une amante ; le plaisir se lasse de *mentir*.

La vue des plaisirs d'autrui nous en donne. Avec quel air d'intérêt la curieuse Suzon regarde les mystères d'amour ! Plus elle craint de troubler les prêtres qui les célèbrent, plus elle en est elle-même troublée ; mais ce trouble, cette émotion ravit son âme. Dans quel état la friponne est trouvée ! Trop attentive, pour n'être pas dis-traite, elle semble machinalement céder à la voluptueuse approche des doigts libertins... Pour la désenchanter, il lui faudrait des plaisirs, tels sans doute que ceux dont elle a devant soi la séduisante image. L'amour se gagne à être vu de près.

Oserais-je légèrement toucher des mystères secrets dont le seul nom offense Vénus et fait prendre les armes à tout Cythère, mais qui cependant ont quelquefois le bonheur de plaire à la Déesse, par l'heureuse application qu'on en fait ?

Le beau Giton gronde le Satyre qu'il a choisi pour ses plaisirs ; tout enfant qu'il est, il s'aperçoit bien de l'infidélité qu'Ascylthe lui a faite ; il donne à son mari plus de plaisir qu'une femme véritable ; est-il surprenant qu'il mette ses faveurs au plus haut prix, et que le plus joli cheval, le coursier de Macédoine le plus vite, puisse à peine les payer ?

Vous souvient-il de l'écolier de Pergame ? Grands Dieux ! l'aimable enfant ! La beauté serait-elle donc de tous les sexes ? Rien ne limiterait son empire ? Que de déserteurs du culte de Cypris ! Que de cœurs enlevés à Cythère ! La Déesse en conçoit une juste jalousie. Eh ! quel bon citoyen de l'Île charmante qu'elle a fondée ne soupirerait avec elle de toutes les conquêtes que fait le rivage ennemi ? Beau sexe, cependant n'en soyez pas si jaloux. Pétrone a moins voulu, dans l'excès de son raffinement, vous causer des inquiétudes que vous ménager des ressources contre l'ennuyeuse uniformité des plaisirs. En effet, combien d'amours petits ou timides (ceux-là sont si faciles à effaroucher) ont été bien aises de trouver un refuge, sans lequel, privés d'asile, ils seraient peut-être morts de frayeur à la porte du Temple ! Combien d'autres, excités par une simple curiosité philosophique, rentrant ensuite dans leur devoir, ont si bien servi le véritable amour que, pour ses propres intérêts, ce Dieu des cœurs, en bon casuiste, n'a pu quelquefois se dispenser de leur accorder conditionnellement une indulgence dont il profitait.

Vous avez de l'esprit, Céphise, et vous êtes révoltée par ces discours ! vous vous piquez d'être Philosophe, et vous

vous feriez un scrupule d'user d'une ressource permise et autorisée par l'amour ! Quels seraient donc vos préjugés, si, comme tant d'autres femmes, vous aviez le malheur de n'être que belle. Ah ! croyez-moi, chère amante, tout est femme dans ce qu'on aime ; l'empire de l'amour ne reconnaît d'autres bornes que celles du plaisir !

Je te rends, amour, le pinceau que tu m'as prêté, fais-le passer en des mains plus délicates ; et toi, reste à jamais dans mon cœur.

Amoureux des plaisirs

Le vent siffle et souffle, incisif, mordant, du noroît. Au loin des voiles, blanches ou pourpres, appellent le regard vers l'aventure. Le sable, balayé, cingle les mollets. Au-dessus d'une mer houleuse couleur d'émeraude piaillent des hordes braillardes de mouettes, libres de leur mouvement.

Sur la grève blonde qui, par plaques et par rigoles, ruisselle d'humidité saline, ou parmi les rochers noirs revêtus d'algues puissamment odorantes, jouent, s'ébattent, crient des flopées de gamins, gonflés de joie, jouisseurs d'espace. Ces éléments réunis offrent des plaisirs sans limites, par et pour tous les sens.

Ce peut être aujourd'hui, par exemple, ou, pourquoi pas, en décembre 1715; qu'importent les dates : les jeux joyeux sur les plages n'ont, par bonheur, pas d'âge.

En revanche, il est intéressant de remarquer que, parmi ces gamins en ce début du XVIIIe siècle, existe un petit Julien Offray, plus connu – ou méconnu, ou mal connu – ultérieurement, sous le nom de La Mettrie.

Vaurien déjà, bagarreur, querelleur, têtu et gai, toujours la bouche ouverte pour dire un mot de travers. Saint-Malo, la très austère, très convenable, très chrétienne cité-mère qui a enfanté cette si peu catholique progéniture, ne reconnaîtra jamais ce jeune monstre.

Amateur de vins, de bonne chère, de jupons et de chair qu'ils savent si peu cacher, jouisseur en diable, ripailleur, gourmand jusqu'à la goinfrerie, tel est le meilleur des portraits que ses contemporains et la postérité lui firent.

« Rabelaisien », pourrait-on dire, comme se complaît à s'exprimer le quidam français moyen, convaincu que Rabelais ne fut qu'un bon viveur, lorsqu'il s'agit de désigner la tendance légendaire de nos compatriotes gaulois aux gueuletons, à la dive bouteille, aux grivoiseries, et aux parties plus ou moins fines de jambes en l'air. « Un hédoniste », nuancerait-on, plus élégamment, et plus justement.

Car Rabelais se révèle être aussi, et surtout, un fin lettré, un médecin exceptionnel pour son époque, un esprit hors du commun, tout en pétillance, en ironie, en invention… comme La Mettrie précisément.

Si ce dernier n'a jamais reculé devant l'absorption massive, gigantesque, gargantuesque, de plusieurs douzaines d'huîtres, quitte à s'en faire péter la panse, ce qui faillit lui arriver ; s'il n'a pas rechigné à l'ingestion d'un colossal pâté, sans nul doute avarié, qui, au terme d'une douloureuse agonie, le fit, en cela fidèle à sa mauvaise réputation d'incurable glouton, définitivement trépasser ; s'il fut, selon la rumeur infamante, fils indigne, époux félon, mauvais père et, pour faire bonne démesure, débauché, dépensier, grossier, mal embouché, il convient toutefois, pour corriger quelque peu le tableau, de préciser que La Mettrie, parce qu'il ne fut pas ange, ne fut pas non plus bête.

Ce début de XVIIIe siècle n'est cependant pas un modèle

de vertu. Il est loisible d'en garder l'image des roués, d'un Régent permissif, de prêtres et de prélats qui s'adonnent licitement aux pires dépravations, de scandales financiers. Le libertinage fleurit au Palais-Royal, ou sous la plume des poètes. La décence, la convenance ne sont pas vraiment à l'ordre du jour. Crébillon, Chaulieu, Piron, Rousseau Jean-Baptiste, tant d'autres, et bien sûr, le prince de la rime, Voltaire en personne, versifient à qui mieux mieux. C'est la grande et belle époque de la métromanie à tout propos, légère comme le vent.

Mais c'est aussi celle du grand chambardement dans la conception du monde : Newton vient de coiffer sur le poteau Descartes ; on discute, on dispute pour établir une autre raison, un autre rapport de l'homme à Dieu, de l'homme à la matière. Leibniz et ses monades s'en mêlent, et Voltaire, et son amie, son égérie, la délicieuse et savante marquise du Châtelet, et Maupertuis qui vient de constater géométriquement l'aplatissement des pôles, et bien sûr, notre érotique héros La Mettrie qui, lui aussi, a des idées sur la question, et qui ne saurait les garder, pas plus que sa langue, dans sa poche. Car depuis quelque temps déjà, La Mettrie, médecin, s'est avisé de s'exprimer. Il répand tout d'abord des traductions de traités médicaux, ce qui n'a pas l'heur de plaire aux pontes de la faculté, jaloux de leur savoir, barricadés derrière leur jargon : toute la science de ces messieurs était alors en latin, langue inconnue du premier inculte venu ; il est donc indécent qu'un jeune médecin de province révèle les secrets réservés. On ne manquera pas de le lui signifier. La Mettrie persiste, bille en tête, et fait paraître ses propres expériences, ses observations, débat sur la vérole, examine une crise de catalepsie, toujours dans la langue française.

Et ce chenapan, hélas, non seulement sait de quoi il parle, mais se permet, esprit honnête, de douter, de remettre en question, de ne rien affirmer sans l'avoir au préalable constaté : un révolutionnaire en quelque sorte, un adepte avant la lettre de la méthode expérimentale. La Mettrie, impertinent, choque, et choquera toute sa vie.

À présent, il s'en prend aux illustres médecins en exercice : publication de satires, attaques virulentes contre Chirac, premier médicastre de Louis XV. C'est David contre Goliath, le roquet face aux dogues. Résultat du combat : La Mettrie verra certains de ses ouvrages condamnés à être lacérés et brûlés sur les marches du Parlement. Mauvaise odeur de roussi ! L'embastillement est au bout. Une cellule lui tend les bras. Voltaire, pour beaucoup moins, y a goûté…

Or, La Mettrie chérit la liberté, toutes les libertés, surtout celle de dire. Les Pays-Bas, terre d'accueil réputée tolérante, reçoit volontiers les exilés pour délit d'opinion. En ce qui concerne La Mettrie, il y a, et il y aura crime contre l'Ordre que sous-tendent et soutiennent l'Église et la société.

Déjà ses contemporains, pourtant confrères de pensée, Diderot, d'Holbach, et avec eux la tête la mieux pensante de l'Europe des Lumières, Voltaire, ne lui pardonneront pas de marcher en franc-tireur hors des sentiers balisés. De par sa nature, il est rebelle aux groupes, aux clans, aux systèmes.

Quand certains précurseurs, fort rares, mettent en avant la possibilité que l'homme soit un simple élément hasardeux dans la chaîne des espèces, La Mettrie, convaincu de son côté qu'il n'est « point de Créateur, point de premier moteur distingué de la matière, point de souverain auteur de l'ordre admirable qui éclate dans l'univers », s'empare de cette hypothèse pour étayer l'idée qu'il n'est nul besoin de Dieu, et que le Grand Horloger si cher à Voltaire n'est que baliverne pour abuser l'homme et dominer sa pensée et ses actes.

D'où s'ensuit une morale dévastatrice qui scandalisera le très conformiste Voltaire, les suppôts les plus réactionnaires d'une règle puritaine aux XIXe et XXe siècles, et aussi les plus acharnés des matérialistes de son époque, mais dont s'emparera en partie l'être le plus subversif qui soit, Sade.

Fi du remords qui encombre déplaisamment la conscience, fi des châtiments ineptes à prévenir le crime ! Amoureux des plaisirs et de la vie, supprimons les guerres de conquête, de religion, évertuons-nous à éviter le crime, éliminons la peine de mort. Que l'éducation élève l'homme hors de la brute !

La Mettrie sera la victime de ces « hénaurmités » : Voltaire, dans sa correspondance, le fera passer pour fou, sans cesse pris de boisson, et jettera l'opprobre sur toute son œuvre. Les dévots le honniront ; les Encyclopédistes, frères de combat pourtant, le réprouveront, ou pis, le négligeront. La haine et l'oubli… Le XVIIIe siècle européen, celui des Lumières, a eu ses coins d'ombres et ses Salman Rushdie.

On retrouve donc La Mettrie à Leyde, ville universitaire rayonnante. Nouvelle tempête dans le bénitier : un autre ouvrage, philosophique cette fois, franchement matérialiste, pour ainsi dire athée, *L'Homme-machine*, fait l'effet d'une bombe et lui attire sur-le-champ les foudres de toutes les confessions du coin. Catholiques et protestants s'entendent enfin : il est impérieux de chasser cette pustule loin du sol hollandais. Le banni n'aura pas même eu le temps de réunir ou de régler quelques affaires : on raconte qu'il traversa la frontière, sans un sou, à peine vêtu, sous une pluie battante, nuitamment, pour trouver refuge chez un hôte illustre, philosophe et poète, Frédéric II, roi de Prusse, à la cour de Postdam, en quelque sorte un Versailles libéral.

Là, il renoue avec son compatriote Maupertuis, et fréquente Voltaire, l'ornement le plus précieux de l'entourage savant et lettré qui gravite autour du souverain. Ce sont alors soupers délicieux, conversations sérieuses ou badines, joutes d'esprit, loisirs variés, théâtre et mise en scène ; La Mettrie soigne le roi, plaisante et blasphème en sa compagnie, lui fait la lecture, lui prépare ses potions, se permet – quelle incorrection ! – d'ôter sa perruque devant son Altesse royale et, négligemment vautré, de poser ses bottes crottées sur la soie des canapés, ce qui ne manque pas de rendre envieux ou de scandaliser le délicat Voltaire doté, lui, de si bonnes manières.

Mais ce palais des plaisirs représente surtout pour La Mettrie un havre de repos, et de liberté. À trente-neuf ans, il touche au port ; il peut enfin s'amarrer loin des tempêtes, profiter du bon temps, s'exprimer sans crainte d'être pourchassé, censuré, enfermé. Il a en outre à ses côtés une maîtresse favorite, originaire de Saint-Malo, qu'il fait passer pour sa cousine, car il est toujours officiellement loti d'une épouse qui, ayant refusé de le suivre dans ses aventures et avatars d'écrivain, est restée accrochée, telle une bernique, sur son rocher malouin.

Qu'importe, les plaisirs de la vie et, l'essentiel, le bonheur de l'étude, le besoin impérieux d'écrire sont autorisés à Postdam. La Mettrie, prolixe autant qu'il est gourmand, ne s'en prive donc point ; durant trois années, avec parfois une petite pointe de nostalgie, un désir de retour vers la terre natale, qu'il ne reverra pas, il s'empiffre, se gave de tous les luxes que lui offre son généreux bienfaiteur, et nous livre, par ses écrits, le meilleur de sa pensée.

La fin approche. Il ne s'en doute pas. Il ne croit pas en Dieu, il n'a foi qu'en l'homme ; il fait confiance à la raison, au savoir, aux progrès qu'ils peuvent apporter si l'esprit, libre, sait chasser les préjugés et les fanatismes. Il n'a pas peur de mourir : il se sait faisant partie de la matière, il retournera tout naturellement à la matière. Il est conscient de savoir profiter du bonheur de vivre, et de le faire partager.

C'est un homme fort tranquille, fort simple, très humain, attentif à l'humanité, un humaniste, qui achève brutalement, en plein appétit, une vie de fête nous offrant son œuvre, toutes deux riches de son bel art d'aimer et de jouir, afin que nous y réfléchissions.

Après avoir écrit *La Volupté*, le *Discours sur le bonheur*, *Le Système d'Épicure*, preuves, s'il en est besoin, que l'approche du plaisir le préoccupa constamment, La Mettrie fit paraître *L'Art de jouir* sans doute en 1751, l'année de sa mort, à Berlin. Nous ne connaissons pas l'édition originale de cet ouvrage. Il y reprend une partie des idées auparavant présentées dans *La Volupté* qui date de 1746 et écrit lors de son séjour forcé aux Pays-Bas.

Cet ouvrage, jugé frivole par nombre de ses critiques, fut pourtant inséré dans l'édition posthume de ses *Œuvres philosophiques*. Véritable hymne à la joie, sur un mode fortement prisé à l'époque, il fut aussi considéré comme un pastiche des mièvreries dont certains de ses contemporains étaient coutumiers. Volontiers joueur, La Mettrie aura tout simplement voulu s'amuser, laisser délirer sa plume, en s'inspirant d'un de ses thèmes les plus chers.

JANINE BERDER

Vie de
La Mettrie

19 décembre 1709. Naissance à Saint-Malo, cité corsaire, bourgeoise, marine, négociante, catholique et négrière, de Julien Offray de La Mettrie, de parents aisés, commerçants (et amateurs ?) en tissus.

1720-1725. Coutances, Caen, Paris : étapes classiques pour des « humanités » chez les jésuites.

1727. Abandon d'une carrière ecclésiastique pour des études médicales à la Faculté de Paris auprès de Hunauld, anatomiste.

29 mai 1733. Obtention, à Reims, du diplôme de docteur en médecine.

1733-1734. Il séjourne et s'instruit à Leyde (Hollande) auprès du iatromécanicien Boerhaave.

3 août 1734. Il s'inscrit à Saint-Malo sur le registre des médecins : il pratiquera durant huit ans dans la région.

1737. Publication à Rennes de son premier ouvrage médical en français : *Le Traité du vertige*.

14 novembre 1739. Il épouse Marie-Louise Droneau, veuve et lorientaise.

1742. À Paris, La Mettrie exerce comme médecin de famille chez le duc de Gramont.

1742-1746. Bohème à Paris, où il fréquente les cafés et leur faune : Maupertuis, Diderot, Duclos, Fontenelle ; ainsi que les salons : Voltaire, Émilie du Châtelet. Il devient chirurgien aux armées avec grade d'officier. En juin 1743, il est à la bataille de Dettingen. Fin 1744 a lieu le siège de Fribourg où il attrape la fièvre jaune, maladie déterminante pour l'évolution de ses idées. Mai 1745, à Fontenoy, « Messieurs les Anglais, tirez les premiers ! ». Le duc de Gramont meurt dans ses bras.

1745. Publication de *L'Histoire naturelle de l'âme*, chez Neaulme, libraire à La Haye, pseudo-traduction d'un ouvrage anglais.

7 juillet 1746. Par arrêt du Parlement, l'ouvrage est condamné à être lacéré et brûlé, comme les *Pensées philosophiques* de Diderot.

9 juillet 1746. Même arrêt concernant un ouvrage d'Alethuis Demetrius, pseudonyme de La Mettrie, *Politique du médecin de Machiavel*, publié à Amsterdam chez les frères Bernard.

Été 1746. Il démissionne de son poste de médecin aux Gardes Françaises et se réfugie aux Pays-Bas.

Décembre 1747 ou janvier 1748. Publication à Leyde de *L'Homme-machine*.

Début 1748. Il doit quitter, pour sa sécurité, les Pays-Bas, et se réfugie en Prusse.

7 février 1748. Arrivée officielle à la cour de Postdam.

1748-1751. Il séjourne à Postdam et à Berlin, est nommé médecin et lecteur du roi Frédéric II. Il côtoie son compatriote Maupertuis, président de l'Académie des sciences de Berlin, Boyer d'Argens, Baculard d'Arnaud, etc. En juin 1750, Voltaire, libre depuis la mort de la marquise du Châtelet, s'installe à Postdam.

1748. Parutions : *L'Ouvrage de Pénélope*, ou *Machiavel en médecine* ; *Traité de la vie heureuse par Sénèque*, première ébauche du *Discours sur le bonheur* publié en 1751 ; *L'Homme plus que machine*.

1749. *Épître à mon esprit ou l'Anonyme persiflé* ; *Épître à Mlle A. C. P. ou la Machine terrassée*.

1750. *Les Animaux plus que machines* ; *Le Système d'Épicure* ; *Mémoire sur la dysenterie*.

1751. *L'Art de jouir* ; *Le Petit Homme à la longue queue* ; *Œuvres philosophiques* ; *Œuvres de médecine dédiées au Roi*.

Novembre 1751. Mort de La Mettrie des suites d'une intoxication alimentaire.

Frédéric II écrit l'éloge du défunt : « M. La Mettrie étoit né avec un fond de gaieté naturelle, intarissable ; il avoit l'esprit vif et l'imagination si féconde, qu'il faisoit croître des fleurs dans le terrain aride de la médecine.

La nature l'avoit fait orateur et philosophe ; mais un présent plus précieux encore qu'il reçut d'elle fut une âme pure et un cœur serviable... »

Repères bibliographiques

Ouvrages de La Mettrie

◆ *De la volupté* (*L'anti-Sénèque*, *L'école de la volupté*, *Le système d'Épicure*), Desjonquères, 1996.

◆ *Discours sur le bonheur*, Voltaire Foundation, collection *Studies on Voltaire and the XVIIIth Century*, 1975.

◆ *L'Homme-machine*, Denoël, collection Médiations, 1981.

◆ *Œuvres philosophiques*, collection Corpus des œuvres philosophiques en langue française, 2 vol., Fayard, 1987.

Études sur La Mettrie

◆ CALLOT (Émile), *Six philosophes du XVIIIe siècle : la vie, l'œuvre et la doctrine de Diderot, Fontenelle, Maupertuis, La Mettrie, d'Holbach et Rivarol*, Éd. M. Rivière, 1963.

◆ *Les Matérialistes au XVIIIe siècle*, édition Jean-Claude Bourdin, Payot, 1996.

LA PETITE COLLECTION

Pour chaque titre, le texte intégral, une postface, la vie de l'auteur et une bibliographie.

PESSOA (Fernando), *Ultimatum* (n° 86), 40 p.

PIRANDELLO (Luigi), *Le Voyage* (n° 28), 48 p. ; *Le Viager* (n° 118), 72 p.

PLATON, *Lettre aux amis* (n° 113), 72 p.

POE (Edgar), *Le Scarabée d'or* (n° 4), 96 p. ; *La Lettre volée* (n° 82), 56 p.

POUCHKINE (Alexandre), *La Dame de pique* (n° 27), 64 p.

PROUST (Marcel), *Sur la lecture* (n° 24), 80 p.

RABELAIS (François), *Pantagruéline Prognostication* (n° 33), 64 p.

RAVALEC (Vincent), *PEP, Projet d'éducation prioritaire* (n° 111), **Inédit**, 112 p.

RIMBAUD (Arthur), *Une saison en enfer* (n° 15), 64 p. ; *Illuminations* (n° 99), 80 p.

ROUSSEAU (Jean-Jacques), *Discours sur l'origine et les fondements de l'inégalité parmi les hommes* (n° 130), 176 p.

SADE, *Dialogue entre un prêtre et un moribond* (n° 3), 32 p. ; *Français, encore un effort si vous voulez être républicains* (n° 59), 96 p.

SAINT-JUST, *On ne peut pas régner innocemment* (n° 105), 64 p.

SAPPHO, *Le Désir* (n° 37), 48 p.

SEMPRUN (Jorge), *Se taire est impossible* (n° 85), **Inédit**, 48 p.

SÉNÈQUE, *De la brièveté de la vie* (n° 18), 64 p.

SIMAK (Clifford D.), *Mirage* (n° 71), 48 p.

SPINOZA, *Traité de la réforme de l'entendement* (n° 98), 104 p.

STENDHAL, *Ernestine ou La Naissance de l'amour* (n° 2), 64 p. ; *Le Coffre et le Revenant* (n° 47), 48p. ; *Vanina Vanini* (n° 106), 56 p.

STEVENSON (Robert Louis), *Les Gais Lurons* (n° 45), 96 p.

SUN TZU, *L'Art de la guerre* (n° 122), 176 p.

SVEVO (Italo), *Le Vin du salut* (n° 34), 48 p.

SWIFT (Jonathan), *Modeste proposition pour empêcher les enfants pauvres d'être à la charge de leurs parents ou de leur pays et pour les rendre utiles au public* (n° 80), 40 p.

TAMMUZ (Benjamin), *Le Verger* (n° 96), 152 p.

TCHEKHOV (Anton), *La Dame au petit chien* (n° 57), 48 p.

THÉOPHRASTE, *Caractères* (n° 101), 72 p.

THOREAU (Henry David), *La Désobéissance civile* (n° 114), 64 p.

TOLSTOÏ (Léon), *Ainsi meurt l'amour* (n° 92), 64 p.

TOURGUENIEV (Ivan), *Apparitions* (n° 36), 64 p.

TWAIN (Mark), *Le Journal d'Ève* (n° 56), 48 p.

VANEIGEM (Raoul), *Avertissement aux écoliers et lycéens* (n° 69), **Inédit**, 80 p.

VERLAINE (Paul), *Femmes, suivi de Hombres* (n° 62), 80 p. ; *Chansons pour Elle* (n° 121), 48 p.

VILLIERS DE L'ISLE-ADAM, *Le Convive des dernières fêtes* (n° 94), 48 p.

VOLTAIRE, *Micromégas* (n° 21), 48 p. ; *Catéchisme de l'honnête homme* (n° 93), 48 p.

WELLS (Herbert George), *Le Nouvel Accélérateur* (n° 75), 32 p.

WIESEL (Elie), *Se taire est impossible* (n° 85), **Inédit**, 48 p.

WILDE (Oscar), *Aphorismes* (n° 73), 104 p.

WOOLF (Virginia), *Le Faux Roman* (n° 49), 48 p.

ZOLA (Émile), *J'accuse* (n° 19), 48 p.

Achevé d'imprimer en décembre 1996,
sur papier recyclé Ricarta-Pigna par G. Canale & C. SpA (Turin, Italie)